Thomas M. Meine

DIE UHR DIE KEINE ZEIGER HATTE
oder
WERBUNG MUSS SEIN

Nach dem Buch 'The Clock that Had no Hands' – and nineteen other Essays about Advertising' (Die Uhr die keine Zeiger hatte und neunzehn andere Abhandlungen über die Werbung), das vor über einhundert Jahren von dem Amerikaner Herbert Kaufman geschrieben wurde und 1912 erstmals erschienen ist.

Bibliografische Information der Deutschen Nationalbibliothek

Die Deutsche Nationalbibliothek verzeichnet diese Publikation in der

Deutschen Nationalbibliografie; detaillierte bibliografische Daten sind im Internet über http://dnb.dnb.de abrufbar.

Herstellung und Verlag:

BoD - Books on Demand, Norderstedt

© 2019 Thomas M. Meine

August 2019

ISBN 9 783749 469789

INHALT

VORWORT

Keine Werbung zu machen, ist wie eine Uhr zu haben, die keine Zeiger hat.

So drastisch hat man das schon vor über einhundert Jahren ausgedrückt.

Herbert Kaufman, der Autor des Buches von 1912, singt eine wahre Ode an die Zeitungswerbung des beginnenden 20. Jahrhunderts in einer Reihe von zwanzig Aufsätzen, die fast schon als Vorlage für einen Operntext verwendet werden könnten, so sehr schwärmt er vom Sinn, Zweck und den enormen Vorteilen der Werbung, und warnt – fast noch dramatischer – vor den negativen Folgen, bis zum Tod des Geschäfts nach dem Tod des Inhabers.

Es gab noch kein Fernsehen, kein Internet in allen Variationen, oder Banden-Werbung etc., so sind die Ausführungen primär auf die Förderung des Vor-Ort-Verkaufs im Einzelhandel durch die Zeitung abgestellt, damals die größte und effektivste Verbreitungsmaschinerie für Werbung.

Diese ist heute, wie Printmedien generell, eher auf dem Rückzug, aber die grundlegenden Ideen von einst – fast schon verblüffend, wie aktuell manche noch sind – bleiben deshalb, auch heute noch, zeitlos und interessant, obwohl sie mittlerweile schon weitestgehend zur Allgemeinbildung gehören.

Wenn man die heutigen, viel komplexeren Strukturen und Erfordernisse beiseitelässt und, wie hier angeboten, eine Reise zurück in die Zeit macht, wo die 'Reklame' noch in den Kinderschuhen steckte, würde man – vergleichend gesehen – ein Zehn-Gänge-Menü tauschen, gegen das Verzehren von rohem Fleisch.

Aber das ist gerade der Reiz, denn professionelle Akteure in der Werbung können hier viel Honig saugen – nicht etwa, weil sie manches davon nicht ohnehin wüssten (und noch mehr), es geht vielmehr um die kräftige und eindrucksvolle Stimmlage und Überzeugungskraft.

Diesen Urschrei und die knallhart vorgetragenen Naturgesetze der Werbung, könnte man dann der heutigen Eloquenz wirksam beimischen.

Vieles hat sich geändert, aber so mancher in der Werbebranche, rhetorisch gut geschult und von der Marktforschung unterstützt und korrigiert, kann noch einmal tief in den Fundus der Ur-Argumente hineingreifen, sicherlich dabei nicht viel Neues finden, aber Kraft schöpfen, noch tiefer und durchschlägiger in das Horn der Werbewirtschaft zu blasen.

So waren auch die Anfänge, als der Mensch das Feuer zum Kochen entdeckte, auf dem Weg zum Gammelfleisch, künstlichem Nahrungsmist mit unverständlichen und irreführenden Kennzeichnungen.

Man bekommt einen tiefen Einblick in die Seele eines enthusiastisch Begeisterten, der den Nutzen der Werbung erkannt hat, aber auch damals schon die Fallstricke sah – vor über einhundert Jahren. Das sind die Fallstricke, die den Werbetreibenden straucheln lassen können, über Fallstricke für Konsumenten fährt man nichts, im Gegenteil. Werbung heißt, dem Kunden auf die Augen schlagen und nicht innezuhalten, bis zum finalen KO.

Die Bemühungen der Werbetreibenden und Werbeplattformen – Werbung für die Werbung sozusagen, ist ein hart umkämpfter Markt. Und da Werbung auch, allen voran beim Fernsehen, dort selbst, und nicht nur beim werbenden Verkäufer wirkt, wird der TV-Verbreitungsträger für die Produkte, genannt 'Format', den erhofften Werbeeinnahmen angepasst.

Ein gutes Format macht gute 'Quote'. So nennt man das, denn der Werbende will 'Reichweite', was man mit der Zahl der Zuschauenden und kurz Vorbeizappenden umschreiben kann.

'Schlag den XY' und andere Spielchen, die viel Geld versprechen, haben diese 'Reichweite', obwohl mancher Zeitgenosse dabei lieber einen Spieler verlieren sieht, von denen manche ins Wasser fallen oder von der wackligen Laufstrecke oder vom Gerüst, dabei gekleidet wie ein Clown oder Paradiesvogel, mit übergroßen Schuhen, während gegnerische Spieler mit Bällen nach ihm/ihr werfen oder mit Stangen zustoßen.

In Japan machen sie sich live und öffentlich in die Hose, beim Wettbewerb 'Wer hält es am längsten aus'; dazu Pizza-Werfen, Kakerlaken-Pusten, zwangsweise nackt in einem Apartment wohnen und nur von Gewinnspiel-Erlösen leben und Schrecklicheres mehr. Dazwischen gibt's Werbung für ganz normale Produkte, wie Uhren, Autos, Gesundheitsprodukte usw. und – gute Einnahmen.

Welche Frau nimmt der Bauer, welches Kleid die Braut, wer suhlt sich als C-Promi am längsten im Dreck oder frisst die meisten Heuschrecken?

Aber, gleichzeitig, kann man kaum ein Produkt im Fernsehen außerhalb von Werbeeinblendungen herausstellen, denn das wäre 'Schleichwerbung'.

Da wirkt es oft urkomisch, wenn die Polizei recherchiert und auf dem Computerbildschirm des Kommissars nicht 'Google' erscheint, sondern 'Suchi' oder 'Findi', obwohl jeder weiß, womit er sucht, wie wir alle auch. Dafür geht es dann beim obligatorischen Zerlegen in der Rechtsmedizin umso realistischer zu. An der Bar trinkt man dann wieder das Bier stets mit dem Etikett weg von der Kamera.

Dennoch schleicht sich immer wieder (bezahlte) Werbung ein; das wird dann – oft kaum erkennbar – als 'diese Sendung enthält Produktplatzierungen' eingeblendet. Der Protagonist rast dann mit dem neuen XY-Cabrio umher, schaut auf die XY-Uhr oder man wird anderweitig suggestiv berieselt.

'Bekannt durch Funk und Fernsehen' war einmal ein Markenzeichen durch die Lande tingelnder Live-Bands. Mancher hatte das nicht recht verstanden, da man doch entweder bekannt ist – durch Funk und Fernsehen – oder nicht. Aber irgendwo beworben geworden zu sein, war in sich schon wertvoll, auch wenn's keiner mitbekommen hat – man musste es nur sagen. Auf dem Dorf bezog man dann das Phänomen auf sich selbst; man wohnte halt nicht in einer Gegend, wo man das wissen würde.

Die Werbeindustrie ist mittlerweile wieder selbst zu einer 'Uhr ohne Zeiger' geworden und ein Geschäftszweig, der in sich degeneriert. Die Trends wechseln öfter, als man es seinen Socken gönnen sollte; jede neue Plattform eröffnet die Jagd nach Kunden und 'Clicks'. Digitale Kriminalität, Überwachungs- und Informations-kapitalismus etc. treten immer stärker in Erscheinung. Meinungsmachende Blogger, genannt 'Influencer' verbreiten ihre 'Meinung' – positiv oder negativ – im Internet unter ihren 'Followern'. Hat man viele davon, ist man sogar 'Key-Influencer'. Was früher einmal dem 'Beistand' besonderer Persönlichkeiten bedurfte, erreicht man heute auf den üblichen Kanälen schon allein mit einer Baseballmütze auf dem Kopf.

Insofern ist es durchaus interessant, was man so vor einhundert Jahren über Werbung dachte und, vor allem, wie man sie begründete.

Auch Geld hatte einmal einen anderen Sinn und Anspruch, als Euros daraus zu machen…

11

Einiges ist doch überholt: Viele Aussagen in einigen Kapiteln, gegen Ende des Buchs, sind heute doch weitgehend überholt. Längst spielen Verbreitungszahlen, Zuschauerzahlen, andere Spezialisierung auf Zielgruppen usw. eine entscheidende Rolle, und die Preise für Werbung werden entsprechend kalkuliert. Weiterhin gibt es nicht nur mehr das eine starke Medium Zeitung, und Mehrgleisigkeit findet nicht nur in einem Segment statt, sondern über die Vielzahl der Medien hinweg. In einer Zeit geschrieben, die nicht so weit weg war von der späten Blüte des Wilden Westens, wo alles, das Steak, der Whisky, sechs Patronen, Futter und Unterbringung für das Pferd oder die eigene Übernachtung den gleichen Preis hatte – 5 Dollar, spiegelt sich dies auch in der Preisgestaltung für Annoncen im Jahre 1912 noch stark wider.

Intelligenz und Seriosität beim potenziellen Käufer: Auch das ist heute nicht mehr gültig und, je nach Medium, mehr oder weniger auf den Kopf gestellt. Wer das meiste Geld hat, ist nicht notwendigerweise mit Intelligenz und moralischem Anspruch gesegnet. Die deutschen Fußballweltmeister von 1954 haben für ihren Sieg 500 D-Mark, einen Koffer und einen Fernseher (Gesamtwert DM 1.280,00) bekommen. Und die Verkäufer von Luxusgütern tun besser dran, bestimmte Sektoren gerade *nicht* zu meiden, die man früher noch nicht einmal mit der Beißzange angefasst hätte. 0,3 % des Wertes entsprechender Umsätze im Rotlichtviertel, decken mehr als 100 % in einem mittleren Bundesland ab, würde man sich dort auf Intellektuelle und Moralisten beschränken.

12

Durchschnittseinkommen, allgemeine Kaufkraft und staatliche Unterstützung, haben sich verändert, wie auch Preise, die durch Erhöhung der Produktivität gefallen sind, oder für Produkte gelten, die es damals noch nicht gab, und die sich heute fast jeder leisten kann.

Dennoch bleiben die Passagen lesenswert, weil sie noch einmal für Dinge sensibilisieren können, die man gerne einmal übersieht oder vielleicht vergessen hat.

Alles ist auch ein Spiegelbild der Gesellschaft und macht es auch unter diesem Aspekt interessant. Erste, zweite und dritte Klasse ist nicht nur eine Einteilung im Zug, sondern auch eine Vorselektion des Umfeldes, das vielleicht überzeugt werden kann, aber das Geld dann nicht hat. Wer in Gegenden mit Mietshäusern seine Werbung verbreiten lässt, kann seine Angel gleich in der Wüste auswerfen, meint der Autor – Masse ohne Muskeln, der Versuch Austern in Rosenbüschen zu ernten.

Geeignete Zeitungen werden gnadenlos selektiert, von seriös, bis zu Herausgebern, die ein journalistisches Abwasserloch leiten. Wie würde sich Herbert Kaufman, Autor des Buches und Zeitungsmann bei renommierten Blättern, doch wundern, wie sich das alles verändert hat.

Darüber hinaus entbehren veraltete Feststellungen stellenweise nicht einer gewissen Komik und machen das Buch auch für den Leser lesenswert, der sich nicht für die 'Innereien' der Werbung interessiert.

Die Uhr die keine Zeiger hatte

Zeitungswerbung ist für das Geschäft, was Zeiger für eine Uhr sind. Sie ist ein direkter und sicherer Weg, die Öffentlichkeit wissen zu lassen, was du machst.

In diesen Tagen des intensiven und aufmerksam beobachteten kommerziellen Wettbewerbs, ist ein Händler, der keine Werbung betreibt, wie eine Uhr, die keine Zeiger hat.

Er hat keine Möglichkeit, seine Veränderungen anzuzeigen. Er kann keinen Erfolg im zwanzigsten Jahrhundert erwarten, wenn er Methoden des neunzehnten Jahrhunderts anwendet – so, als würde er als Mann Schuhe in einer Größe anziehen, die ihm im Knabenalter gepasst haben.

Sein Vater und seine Mutter waren mit Nachbarschaftsläden zufrieden und zweisitzigen Autos, etwas Besseres konnte man in diesen Tagen nicht bekommen. Sie waren als Kunden daran gewöhnt, die Händler selbst zu suchen, statt dass sie von den Händlern gesucht wurden.

Die Geschäfte handelten 'um die Ecke herum', in eingeschossigen Läden, die von der Unterstützung durch die unmittelbaren Freunde abhingen.

Solange die Stadt sich aus solchen Nachbarschaftszellen zusammensetzte, jede mit voller Versorgung durch

Metzger, Bäcker, Bekleidungsgeschäfte, Juweliere, Möbelhändler und Schuhmacher, war es für die Inhaber dieser kleinen Unternehmen möglich, zu bestehen und einen Gewinn zu machen.

Aber als die Bevölkerungszahlen stiegen und sich die guten Verkehrsanbindungen ausweiteten, trat eine Spezialisierung in den einzelnen Viertel ein. Häuserblock um Häuserblock bestand nur noch aus Geschäften, und Meilen um Meilen waren nur durch Wohnhäuser geprägt.

Der Käufer und der Ladenbesitzer entfernten sich immer weiter voneinander. Es war für den Händler notwendig geworden, einen Ersatz für sein persönliches Auftreten zu finden, das nicht länger den Zweck erfüllte, die Kunden zu seiner Tür zu ziehen. Er brauchte eine Bindung zwischen den kommerziellen Zentren und den Wohnstätten.

Schnelle Bahnverbindungen eliminierten Entfernungen, so war Werbung notwendig, um die Menschen zu informieren, wo er sich befand und was er zu verkaufen hatte. Es war eine natürliche Entwicklung unter veränderten Bedingungen – der Anfang einer neuen Zeit im Handel, dessen Erfolg nicht länger von persönlichen Bekanntschaften abhing.

Etwas, das wundervoller war, als der sagenumwobene Stein der Weisen, nahm Gestalt an, und die Anfänge von Vermögen, welche die Einhundert-Millionen-Grenze überschritten und die Töchter von Händlern auf orientalische Thronsessel hievten, kamen aus dieser Kraft der Werbung. Innerhalb von fünfzig Jahren war sie so lebenswichtig für den Handel, wie der Dampf für die Industrie.

Werbung ist kein Luxus, noch eine diskutierbare Strategie. Sie hat ihre Richtigkeit bestätigt. Ihre Leistung kann man an der Silhouette von Städten sehen, wo hundert hochaufragende Gebäude als Zeichen des Erfolgs und als Vorwurf an all die Männer stehen, welche die Gelegenheit hatten, aber nicht den Weitblick, und sie ist eine fortwährende Inspiration für den jungen Händler am Anfang seines Wirkens.

Die Kanone die Japan modernisierte

Geschäfte basieren nicht länger auf Kontakten von Mensch zu Mensch, in denen Verkäufer Käufer eine persönliche Verbindung aufbauen, genauso wenig wie eine Schlacht ein Geraufe im Nahkampf ist, wo Knochen, Muskeln und Sehnen den Ausgang bestimmen. Handel und Krieg haben sich verändert – beides wird nun auf Distanz ausgefochten.

Genauso wie die heutigen Armeen keine Gelegenheit haben, die individuelle Tapferkeit ihrer Mitglieder vorzuführen, genauso ist ein Händler ein Relikt der Vergangenheit, der auf sich für den Erfolg auf seine direkten Bekanntschaften verlässt – ein ineffektiver Geschäftsmann.

Japan änderte seine Politik des Abschirmens von Fremden, nachdem eine Flotte von Kriegsschiffen die Befestigungen von Satsuma niederdonnerte. Der Samurai, der bis dahin sein Schwert und den Bogen als wirkungsvoll betrachtete, stellte fest, dass eine Kanone mächtiger war, als alle hergestellten Schwerter – wenn man nur nahe genug herankam, sie zu benutzen. Japan profitierte von der Lektion. Sie warteten nicht, bis weitere Befestigungen zusammengedonnert wurden, sondern waren mit dieser *einen* Erfahrung zufrieden und modernisierten ihre Methoden.

Der Händler, der keine Werbung macht, ist ziemlich genau in dieser Situation, in der Japan sich befand, als sich dort die Augen öffneten und man sich gewahr wurde, dass sich die Zeiten verändert haben.

Die weitreichende Reklame eines Konkurrenten wird mit Sicherheit dein Geschäft zerstören, wie es die Kanonen der Fremden getan hatten, als sie die Mauern von Satsuma zusammenbrechen ließen.

Wenn du dir nicht die Lektion zu Herzen nimmst, wenn du nicht die Wichtigkeit der Werbung erkennst, nicht nur als ein Mittel die Geschäfte zu erweitern, aber auch zu ihrer Verteidigung, musst du bereit sein, den Konsequenzen ins Auge zu sehen, als eine Torheit, die so groß ist, wie die eines Duellanten, der erwartet, in einem Kampf zu überleben, in dem sein Gegner ein Schwert hat, doppelt so lang wie das eigene.

Denke nicht, dass es zu spät ist, weil es so viele Geschäfte gibt, die den Vorteil haben, schon für Jahre fortwährend Werbung gemacht zu haben. Die Stadt wächst. Sie wird im nächsten Jahr noch mehr wachsen. Sie braucht neue Handelsplätze, genauso wie sie hungrig auf neue Wohngebiete ist.

Niemals wird man aber Nachbarschaftsgeschäfte unterstützen. Zeitungen haben den Wert reduziert lokal bekannt zu sein, und Fünf-Cents Fahrscheine für Straßenbahnen haben den Vorteil, 'um die Ecke herum' zu wohnen, überflüssig gemacht.

Ein Laden, fünf Meilen entfernt, kann durch die Spalten in den Zeitungen Kontakt aufnehmen und deine nächsten Nachbarn in seine Räume ziehen, während du dasitzt und dabei zusiehst, wie die Menschen aus deinem Block weggelockt werden, wobei du gleichzeitig nicht fähig bist, dir neue Kunden zu sichern, die ihren Platz einnehmen.

Es ist keine Frage, ob du in der Lage bist, die Kosten für die Werbung aufzubringen, sondern mehr, ob du es schaffst, ohne sie zu überleben. Du musst berücksichtigen, dass sich das nicht nur auf eine Erweiterung deines Geschäfts bezieht, sondern auch darum, um festzuhalten, was du bereits hast.

Werbung ist eine Investition, deren Kosten im gleichen Verhältnis zum Ertrag stehen, wie der Samen zur Ernte.

Darum ist es genau so absurd, Werbung als eine Ausgabe anzusehen, wie es bei einem Bauern wäre, der zögert Dünger zu kaufen, nachdem er weiß, dass er seine Früchte gewinnbringend vermehren kann, wenn er ihn anwendet.

Der Schneider der zu viel bezahlte

Letzte Woche hatte ich mir eine Zigarre gekauft, als ein Mann in den Laden hereinkam. Als er seinen Einkauf getätigt hatte, erzählte er dem Inhaber, dass er ein Bekleidungsgeschäft um die Ecke aufgemacht hatte, und nannte ihm Preise, zusammen mit der Zusicherung beste Textilien und Konditionen zu haben.

Nachdem er den Laden verlassen hatte, drehte sich der Zigarrenmann zu mir hin und sagte:

'Ein unternehmungslustiger Bursche ist das, er wird zurechtkommen.'

'Nein, er wird es nicht', antwortete ich, 'und außerdem würde ich mit ihnen wetten, dass er nicht den Bekleidungsladen hat, der ihm das ermöglicht.'

'Was hat Sie dazu gebracht, dies anzunehmen?', fragte der Mann hinter dem Tresen.

'Seine Theorien waren falsch', erklärte ich. 'Er verlässt sich auf Mund-zu-Mund-Propaganda beim Aufbau seines Geschäfts, und er kann sich nicht mit genügend Individuen unterhalten, um mit einem Händler zu konkurrieren, der den Verstand hat, hunderttausend Menschen die gleichen Dinge zu sagen, wie er es bei einem einzelnen getan hat. Nebenbei gesagt, seine Methode der Werbung ist zu teuer. Nehmen wir mal an, er sieht jeden Tag einhundert Leute. Als Erstes raubt er seinem Geschäft die notwendige Führung, und außerdem gibt er zu viel dafür aus, jeden Menschen zu erreichen, um den er wirbt.'

'Ich kann ihnen nicht ganz folgen.'

'Schön, als Inhaber eines Bekleidungsgeschäfts ist seine eigene Arbeitszeit so wertvoll, dass ich sehr konservativ bin, wenn ich die Kosten seines Werbens auf fünf Cents pro Kopf rechne'.

'Nun, wenn er wirklich fähig und clever wäre, würde er erkennen, dass er zu Hunderttausenden von Leuten sprechen könnte, zu einem Zehntel eines Cents pro Person. Es gibt keine Zeitung in der Stadt, deren Gebührensatz für die Werbung \$1,00 pro tausend zirkulierende Exemplare ist und genügend Platz dafür hat, um das zu drucken, was er Ihnen gesagt hat.'

'So habe ich das noch niemals gesehen', sagte der Zigarrenmann.

Es ist immer nur der Mann, der das 'noch niemals so gesehen hat', der für einen Moment zögert, bezüglich der Zweckmäßigkeit und Einträglichkeit von Zeitungsreklame.

21

Zeitungswerbung ist der billigste Kanal für Kommunikation, der jemals vom Menschen geschaffen wurde. Tausend Briefe mit 1-Cent-Briefmarken kosten leicht fünfzehn Dollar, und nicht mehr als ein Umschlag unter zehn wird geöffnet werden, denn schon das reine Porto selbst ist eine Einladung für den Papierkorb.

Wenn es etwas gäbe, das billiger ist, seien Sie versichert, dass die größten amerikanischen Händler keine individuellen Summen von einer halben Million Dollar und mehr pro Jahr ausgeben würden, für diese Art und Weise des Werbens für ihre Geschäfte.

Der Mann der sich zurückzieht bevor er besiegt wird

Werbung ist keine Zauberei. Es gibt darin auch kein Element der schwarzen Magie. In ihrer besten und höchsten Form ist es ein reines Gespräch, vernünftiges Gespräch – Verkaufsgespräch.

Die Ergebnisse stehen in Proportion zum Wert der angebotenen Ware und den Fähigkeiten, mit denen die Werbung gestaltet ist.

Es gibt zwei große Hindernisse beim Erfolg der Werbung, und beide kommen aus der Unwissenheit bezüglich des echten Zwecks und deren Funktionsweisen.

Das Erste ist, dass man Versprechungen macht, die man nicht halten kann – denn alles was die Werbung dann bestenfalls erreicht, ist den Leser dazu zu bringen, deine Behauptungen zu überprüfen.

Wenn du die Erde versprichst und den Mond lieferst, wird sich Werbung für dich nicht auszahlen.

Wenn du Männer und Frauen unter Vortäuschungen in deinen Laden bringst und es nicht schaffst, das wettzumachen, wird die Werbung dir geschadet haben, denn sie hat nur in einem Sinn Aufmerksamkeit erreicht, nämlich dich zu meiden.

Es ist genauso ungerecht, der Werbung unter diesen Umständen Versagen vorzuwerfen, wie es für deinen Nachbarn wäre, wenn er eine Bank ausraubt und dich für seine Missetat verantwortlich macht [recht hinkender Vergleich, aber in der Übersetzung so belassen]. Kurz gesagt, angepriesene Unwahrheiten sind sogar noch wertloser als nicht gemachte Täuschungen

Der andere große Irrtum bei der Werbung ist, mehr von dieser zu erwarten, als möglich ist.

Werbung ist ein Samen, den ein Händler in das Vertrauen der Leute pflanzt. Er muss ihm Zeit lassen zu wachsen. Jeder erfolgreich Werbende muss geduldig sein. Die Zeit, die notwendig ist, um zu Resultaten zu gelangen, liegt ganz und gar in der Fähigkeit und Entschlossenheit, die man der Arbeit widmet. Du kannst aber nicht zurückgehen, wenn du die halbe Strecke gegangen bist und erklärst, dass der Weg falsch ist.

Du kannst nicht für eine Woche Werbung machen, und nur, weil dein Geschäft nicht gleich überlaufen ist, sagst du, dass sich das nicht gelohnt hat. Es braucht eine gewisse Zeit, die Aufmerksamkeit der Leser zu erwecken. Niemand wird sehen, was du veröffentlicht hast, wenn es zum ersten Mal erscheint. Mehr Leute werden deine Veröffentlichungen am zweiten Tag zur Kenntnis nehmen, und noch einmal wesentlich mehr am Ende des Monats.

Du kannst nicht erwarten, das Vertrauen der Leute in gleichem Maße zu gewinnen, wie es anderen gelungen ist, ohne so ziemlich die gleiche Zeitspanne aktiv zu sein, wie sie es taten. Du kannst aber die Periode zwischen der Vorstellung bei deinen Lesern und deren Erscheinen an deinen Ladentischen verkürzen, indem du mehr Mühen in der Erstellung deiner Werbevorlage steckst und eine größere Menge an Überzeugung.

Du musst dich nicht wie ein kleines Mädchen benehmen, die den Samen für einen Garten ausgebracht hat, und den nächsten Tag hinausgeht und erwartet, dass er in voller Blüte steht. Ihr Vater musste ihr erklären, das Pflanzen Wurzeln brauchen, und dass, obwohl man nicht sehen konnte, was vor sich geht, der Samen gerade dann seine wichtigste Arbeit verrichtet, bevor sich die Blumen über dem Erdreich zeigen.

Werbung verrichtet seine wichtigste Arbeit, bevor die großen Resultate kommen. Das Geld abzuschreiben, das man investiert hat, kurz bevor die Ergebnisse kommen, ist

24

nicht nur dumm, sondern auch kindisch. Es wäre genauso logisch für einen Bauern sein Feld im Stich zu lassen, weil er sein Getreide eine Woche nach der Aussaat nicht ernten kann.

Werbung erfordert keinen Glauben – nur gesunden Menschenverstand. Wenn man damit schon im Zweifel anfängt und dann aufgibt, bevor entsprechende Resultate zu erwarten sind, liegt der Fehler nicht bei der Zeitung und auch nicht bei der Werbung – der Vorwurf ist nur dem Feigling zu machen, der sich zurückzog, bevor er geschlagen war.

Der Dollar den man nicht ausgeben kann

Jeder Dollar, der in die Werbung gesteckt wird, ist nicht nur wie ein Samen, der Gewinne für den Händler produziert, sondern er behält ihn auch, nachdem er ihn an den Verlag bezahlt hat. Werbung verschafft einen 'Goodwill'*, entsprechend den Kosten für die Werbung [*Seite 26/27].

Werbung kostet nichts. Während sie Mittel benutzt, verbraucht sie diese nicht. Sie hilft dem Gründer eines Geschäfts reich zu werden und dann sein Unternehmen zu erhalten, auch nach seinem Tod.

Werbung macht die persönlichen Verbindungen überflüssig. Sie setzt das Vertrauen in das Geschäft fort und ermöglich einem Händler sich vom Geschäft zurückzuziehen, ohne dass ihm die Gewinne des Geschäfts entzogen werden. Sie ändert einen Namen in eine Institution – eine Institution, die ihren Begründer überlebt.

Sie ist wirklich wie eine Versicherung, die nichts kostet – zahlt jedes Jahr eine Prämie anstatt eine zu fordern, und macht es möglich, das gesamte Personal einer Unternehmung zu wechseln, ohne das Gedeihen des Geschäfts zu stören.

Werbung macht das Geschäft stärker als der Mann, der es führt – unabhängig von seiner Anwesenheit. Sie macht das System der Vermarktung dauerhaft und den Weg, der den anderen bleibt, um zu folgen. Ein Geschäft, das nicht beworben wird, muss sich auf die Person des Inhabers stützen, und persönliche Präsenz im Geschäft ist ein abnehmender Faktor. Die Menschen wollen nicht wissen, wem das Geschäft gehört, sie sind nicht an ihm interessiert, sondern an seinen Waren.

Wenn man einen nicht beworbenen Laden verkauft, ist er nur den Lagerbestand und seine Einrichtung wert. Es gibt keinen **Goodwill***, den man bezahlen muss – denn ein solcher existiert nicht – er wurde nicht geschaffen. Der Name über der Tür bedeutet nichts, außer für den begrenzten Strom von Leuten aus der unmittelbaren Nachbarschaft. Von diesen könnte dir jeder mehr über den Laden erzählen, der sich zehn Meilen entfernt befindet und der seine Nachrichten regelmäßig an deren Frühstückstisch gebracht hat.

26

[Anmerkung: *__Goodwill__ = deutsch Wohlwollen, ist der Wert des Unternehmens, der über die reine Substanz (Lagerbestand, Maschinen, Werkzeuge, Immobilien, Lizenzen, Patente, Geld- und andere Vermögensbestände abzüglich Verbindlichkeiten), hinausgeht. Ein Goodwill stellt unternehmensexterne Faktoren dar, welche die Zukunft und die Entwicklung des Unternehmens sichern, wie Management (nicht selten ein Grund für ein 'Badwill'), geschulte Mitarbeiter, Forschungs- und Entwicklungsleistungen, gegebenenfalls die Aussichten für die Branche innerhalb der allgemeinen Konjunkturlage. Und nicht zuletzt der *Bekanntheitsgrad und der Kundenstamm* mit längerfristiger Bindung].

Es ist genauso kurzsichtig, wenn in Mann ein Geschäft aufbaut, das mit seinem Tod stirbt, wie es ungerecht von ihm ist, nicht für die Fortführung des Einkommens seiner Familie zu sorgen.

Der Thermoplyenpass

Xerxes führte einst eine Million Soldaten aus Persien, um Griechenland zu erobern, aber seine Invasion scheiterte völlig, weil ein spartanischer Führer hundert Mann in einem engen Gebirgspass verschanzt hatte, von dem aus man die Straße nach Lakedämon kontrollieren konnte. Der Mann, der zuerst dort war, hatte den Vorteil.

Die Werbung ist voll von Möglichkeiten für diejenigen, die zuerst an der richtigen Stelle sind.

Es gibt Hunderte von solchen Pässen in der Werbung, die darauf warten, dass einer sie besetzt. Der erste Mann, der erkennt, dass seine Produktlinie durch Werbung unterstützt werden kann, hat eine enorme Chance. Er kann sich einen Vorteil gegenüber seinen Konkurrenten verschaffen, den sie nie besitzen werden. Diejenigen, die nach ihm kommen, müssen mehr Geld ausgeben, um seine Gewinne zu erreichen. Sie müssen nicht nur genauso viel investieren, um genauso viel zu bekommen, sie müssen auch eine zusätzliche Summe ausgeben, um dem Einfluss entgegenzuwirken, den er bereits in der Allgemeinheit aufgebaut hat.

Was auch immer man verkauft, seien es tatsächliche Waren oder Anreize, kann mit Werbung leichter an den Mann gebracht werden. Nicht einmal die Hälfte aller Geschäfte, aus denen man ein Nutzen ziehen sollte, erscheinen in den Zeitungen. Der Handel wächst, wenn der Ruf wächst und Werbung verbreitet den Ruf.

Wenn du in einem Geschäftssegment engagiert bist, das auf einen Werbepionier wartet, erkenne die wundervolle Chance, die du hast, der Erste zu sein, der in der Öffentlichkeit erscheint. Du hast eine bessere Gelegenheit, die Führung zu übernehmen, als diejenigen, die ihre eigene Stärke behindern, indem sie dir gestatteten, als erster das Terrain zu besetzen, bevor sie dich überflügeln konnten. Du gewinnst an Prestige, sodass diejenigen, die folgen, mehr Geld ausgeben müssen, um entgegenzuwirken.

Je länger du das hinausziehst, desto mehr verminderst du deine Chancen aufs Überleben.

Wenn deine Produktlinie dem eines anderen Geschäfts oder Unternehmens ähnlich ist, das sich schon dem lesenden Publikum präsentiert hat, ist es jetzt Zeit für dich, sofort loszulegen und in den Wettbewerb mit deinem Konkurrenten um die Aufmerksamkeit der Allgemeinheit einzutreten. Jeder, der dich übertrifft, ist ein weiterer Kontrahent, dem man entgegentreten und mit dem man sich wegen dem Wegerecht herumschlagen muss.

Das umherwandernde Schaufenster

Die Zeitung ist ein großes Schaufenster des Ladens, dass durch die Stadt getragen und an Hunderttausende von Wohnstätten verteilt wird, um in der bequemen Freizeit des Lesers betrachtet zu werden.

Dieses Schaufenster unterscheidet sich von dem wirklichen Glasfenster in nur einem Aspekt – es stellt Beschreibungen aus, anstatt Artikel.

Oft warst du beeindruckt von dem Unterschied in den Dekorationen zweier Schaufenstergestalter, wenn beide das gleiche Material verwendet hatten. Der eine zog deine Aufmerksamkeit an, durch Anmut und Raffiniertheit und die Kunst, die sich in seiner Präsentation zeigte. Der andere verwirklichte so wenig seiner Möglichkeiten mit dem

Mitteln, die man ihm zur Verfügung stellte, dass man unbewusst weitergehen wird, es sei denn, jemand würde auf seine Mittelmäßigkeit hinweisen.

Ein Inserent muss wissen, dass er Resultate bekommt, die im Einklang mit seinen Fähigkeiten stehen, sein Angebot in Worten auszudrücken. Er muss die Leute dazu bringen, anzuhalten und zu verharren. Sein Text muss herausstechen. Er muss nicht nur Dinge zeigen, die für das Auge attraktiv sind, sondern auch für die Bedürfnisse der Menschen.

Der Schaufensterdekorateur darf nicht den Fehler machen, zu denken, dass die auffälligsten Produkte, die am besten verkaufbaren sind. Der Inserent darf nicht den Fehler machen, zu denken, dass die auffälligsten Worte, die höchst fesselnden sind. Es gibt zu wenige Schaufenster, um sie verschwenderisch zu nutzen. Der gute Händler stellt diejenigen Artikel hinter die Fensterscheibe, die neun von zehn Leuten haben wollen, wenn sie diese gesehen haben. Der gute Inserent sagt etwas über Artikel, die neun von zehn Lesern kaufen wollen, wenn man sie einmal überzeugt hat.

Der Platz in der Zeitung ist nur das Fenster, genauso wie das Schaufenster nur ein Bilderrahmen für den Händler ist. Ein Fenster in einer überfüllten Straße, in der besten Nachbarschaft, wo ständig wohlhabende Menschen vorbeikommen, ist wünschenswerter als in einer billigen und dünn besiedelten Umgebung.

Eine Annonce in einer Zeitung mit den meisten Lesern und den wohlhabendsten, besitzt einen großen Vorteil gegenüber der Veröffentlichung des gleichen Textes in einem Medium, das unter Leuten zirkuliert, die über weniger Geld verfügen. Es wäre töricht, wenn ein Laden seine Schaufenster in einer engen Gasse errichten würde – genauso, als würde man eine Annonce in einer Zeitung schalten, die nur unter Gassen-Bewohnern verteilt wird.

Wie Alexander den Knoten löste

Man hatte Alexander dem Großen den Gordischen Knoten gezeigt und ihm gesagt, dass man ihn nicht lösen könne. 'Jeder Mann, der das versucht hatte, ist gescheitert.'

Aber Alexander ließ sich nicht entmutigen, nur weil der Rest versagt hat. Er erkannte einfach, dass er auf eine andere Art und Weise herangehen musste. Statt Zeit mit seinen Fingern zu vergeuden, nahm er das Schwert und hieb ihn auseinander.

Jeden Tag wird einem großen Geschäftsmann ein solcher Knoten gezeigt, der sich als zu viel für seine Konkurrenten herausgestellt hat, und er hat Erfolg, denn er kennt einen Weg, wie man ihn durchtrennen kann. Der Stümper bekommt keinen guten Auftritt, solange es da einen Kollegen als Händler gibt, der keine Zeit verschwendet, das Unmögliche zu erreichen – der aus seinen Fehlern lernt und Methoden vermeidet, die für andere der Untergang waren.

Die am stärksten verknoteten Probleme im Handel sind:

1. Das Problem des Standorts
2. Das Problem die Massen anzuziehen
3. Das Problem die Massen zu halten
4. Das Problem der Minimierung der Fixkosten
5. Das Problem einen werthaltigen Goodwill zu schaffen

Keiner dieser Knoten wird durch stümperhafte Finger gelöst. Sie sind zu kompliziert. Sie sind auch untrennbar miteinander verbunden – so verdreht und verstrickt, dass man sie nicht einzeln trennen kann. Wie der Gordische Knoten müssen sie mit einem einzigen Schlag durchtrennt werden. Und man kann diesen Knoten mit nichts durchtrennen, als mit Werbung.

1. Ein Geschäft, das stets präsent vor den Leuten ist, erschafft sich seine eigene Nachbarschaft
2. Die Massen können durch tägliche Werbung von überall hergebracht werden
3. Kunden können immer durch Anreize gehalten werden
4. Fixkosten kann man nur reduzieren, wenn man den Umsatz steigert
5. Ein Goodwill kann nur durch Werbung erreicht werden

Die Werbung bringt jedes Jahr neue Giganten hervor und macht sie mit jeder Stunde mächtiger. Werbung ist die erhaltende Kraft eines mächtigen Geschäfts und die einzige, stärkende Nahrung für ein schwaches. Der Händler, der seinen Eintritt in die Werbung verzögert, muss die Strafe seines Zauderns zahlen, wenn er sich mehr großen Wettbewerbern gegenübersieht, so wie jeder Monat der Gelegenheit vergeht.

Persönliche Bindungen eines cleveren Verkäufers zu engen Käufern sind nichts wert, solange andere Leute genauso gut aufgestellt sind und zudem das Schwert der Werbung tragen. Sie sind in der Lage, deine Geschäfte in immer engere Knoten zu binden, während du dich nicht wehren kannst, denn es gibt keinen Knoten, den ihre Werbung nicht durchtrennen könnte.

Gestern hast du einen Kunden verloren – heute haben sie die einen genommen – morgen kriegen sie einen anderen. Du kannst mit dieser Konkurrenz nicht fertig werden, denn du hast nicht die Waffe, mit der du dich ihnen entgegenstellen kannst. Du kannst deinen Gordischen Knoten nicht lösen, weil man ihn nicht lösen kann – er muss durchtrennt werden.

Du musst annoncieren, oder die Strafe für deine Unfähigkeit bezahlen. Du brauchst die Zeitung nicht nur, um für ein hoffnungsvolleres Morgen zu kämpfen, sondern auch dafür, dass die Situation nicht gänzlich hoffnungslos wird.

Wenn sie dir passt dann trag diese Mütze

Werbung ist kein Schmelztiegel, wo faule, engstirnige und unfähige Kaufleute, Inkompetenz in Erfolg umwandeln können – aber einer in den man Verstand, Hartnäckigkeit und Mut hineingeben und in Dollar umwandeln kann. Es ist nur ein kurzer Abstecher über das Feld – keine bewegliche Plattform. Du kannst nicht hinkommen, ohne selbst etwas zu gehen.

Es ist ein Spiel, in dem der Arbeiter, nicht der Drückeberger, reich wird, und nach dessen Regelwerk steht jeder Mann für das, was er ist und tut, und nicht, für das, was er war und gemacht hat.

Jeder Tag in der Welt der Werbung ist ein neuer Tag und muss mit der gleichen Energie wie gestern behandelt werden. Der Weichling kann nicht überleben, wo ein hart arbeitender Mann seine Chancen sieht.

Werbung nimmt nicht den Platz von geschäftlichem Talent oder geschäftlichen Management ein. Der Wichtigtuer, dessen Vater etwas geschaffen hat, und der überzeugt ist, dass er von dem leben kann, was ihm vermacht wurde, kann sich nicht gegen den Mann behaupten, der weiß, dass er das alles selbst aufbauen muss.

Warum denkst du, dass du den gleichen Erfolg haben sollst, wie ein Konkurrent, der doppelt so hart für seinen Wohlstand arbeitet?

Warum sollten genauso viele Leute in deinem Geschäft einkaufen, wie in dem von ihnen besuchten Geschäft, das Anstrengungen unternimmt, sie als Kunden zu gewinnen, und ihnen zeigt, dass es Wert ist, an ihre Tür zu kommen?

Warum sollen durch eine Zeitungswerbung genauso viele Kunden kommen, in der halben Zeit, die es gebraucht hat, um einen Laden zu füllen, der doppelt so lange Werbung gemacht hat und doppelt so viel für seine öffentliche Aufmerksamkeit bezahlt hat?

Das sind die Tage, wo der beste Mann gewinnt – nachdem er bewiesen hat, dass er der beste Mann ist – wenn der beste Laden gewinnt, nachdem er gezeigt hat, dass er der beste Laden ist, wenn die besten Waren gewinnen, nachdem sie demonstriert haben, dass sie die besten Waren sind.

Wenn du die Pflaume willst, kannst du sie nicht kriegen, wenn du dich mit offenem Mund unter den Baum legst und darauf wartest, dass sie herunterfällt – zu viele andere Männer sind willens, auf den Ast zu steigen und ihren Hals zu riskieren, in ihrem Bemühen, sie dir wegzuschnappen.

Es ist ein Spiel für Männer – diese Werbung – die dabeibleibt, und die ganze Zeit zerrt und spannt, um vorwärts zu streben und vorne zu bleiben. Es ist das unendliche Gesetz des Wettbewerbs, das als Richter mit verbundenen Augen über den Märkten der Welt wacht.

Du musst deine Nachbarschaft bewässern

Vor einem halben Jahrhundert gab es zehn Millionen Morgen Land innerhalb von tausend Meilen von Chicago, auf denen noch nicht einmal ein Grashalm wuchs. Heute gibt es auf genau diesem Wüstenboden wundervolle Orchideen und gewaltige Weizenfelder. Die Erde selbst steckte voller Möglichkeiten. Was das Land brauchte, war Wasser. Nach und nach kamen die Farmer, die wussten, dass nicht erwarten konnten, dass die Wasserströme zu ihnen kommen. Darum zogen sie Gräben und führten das Wasser zu ihrem Besitz, von den Seen und Flüssen in der Umgebung. Sie bearbeiteten die Erde mit ihrem Verstand, als auch mit ihren Pflügen – sie wurden reich durch Bewässerung.

Werbung hat Tausende von Menschen reich gemacht, nur weil sie die Möglichkeiten erkannt hatten, die Zeitungen zu nutzen, um Ströme von Käufern in Gegenden zu bringen, die durch Bewässerung in geschäftige Zonen umgewandelt werden konnten – und dabei Menschen aus anderen Teilen des Umlandes anzogen.

Der erfolgreiche Einzelhändler ist ein Mann, der den Strom der Käufer in seine Richtung lenkt. Es ist nicht die Lage selbst, die den Laden profitabel macht – es ist der Mann selbst, der ihn profitabel macht. Einkaufszentren werden nicht von der Öffentlichkeit ausgewählt – sie entstehen aus der Kraft, welche die Öffentlichkeit kontrolliert – den Zeitungen.

Die Gegenden für Geschäfte werden fortwährend durch Männer erweitert, die sich in Straßen niedergelassen haben, die sich von verlassenen Wegen in Durchgangsstraßen verwandelt haben, mit einem Gewimmel von drängelnden Menschen, durch Bewässerung mit Werbung. Der Ladeninhaber, der weint, dass ihn seine Nachbarschaft keine Entwicklungsmöglichkeiten bietet, verschließt die Augen vor der Wahrheit – er ist es, welcher der Nachbarschaft schadet.

Wenn sie keine Ströme von Käufern hat, kann er sie sich leicht sichern, indem er durch die Tageszeitung nach ihnen greift und Menschen aus anderen Bezirken dazu bewegt, zu ihm zu kommen.

Jedes Mal, wenn er den Kunden eines Konkurrenten beeinflusst, bewässert er nicht nur das eigene Feld, er leitet auch die Ströme um, von denen ein nicht werbender Händler und dessen Existenz abhängen. Männer und Frauen, die Tür an Tür mit einem Laden wohnen, der sie nicht als Kunde umwirbt, werden letztendlich zu einem Geschäft gezogen, das Meilen entfernt ist, denn ihnen wurde glaubhaft gemacht, dass sie davon Vorteile haben werden.

Die Verbreitung jeder Tageszeitung ist nichts anderes, als ein Speicher von Käufern, aus dem sie in die Richtung strömen, die ihnen den größten Wert für den geringsten Preis verspricht.

Die magische Entwicklung des Wüstenbodens hat seine Parallelen in der Absatzförderung durch Männer, welche die Zeitung als bewässernde Kraft sehen, die zwei Kunden wachsen lassen kann, wo vorher nur einer wuchs.

Catos* System des Follow-Up

[* Cato der ältere, römischer Senator, mit seinem jahrelangen, jede Rede abschließenden Dauerbrenner im Senat *'Ceterum censeo Carthaginem esse delendam'* (im Übrigen bin ich der Meinung, dass Karthago zerstört werden sollte, bis er schließlich damit Erfolg hatte].

Wenn dir ein Mann aufs Auge geschlagen hat und weggegangen ist und dann eine Woche gewartet hat, bevor er das Schauspiel wiederholte, würde er dir nicht sehr schaden. Zwischen den Angriffen hättest du Gelegenheit, dich von der Wirkung des ersten Schlags zu erholen. Aber wenn er dich zusammengeschlagen hat und nicht aufhört, dich zu misshandeln, denn würde jeder Schlag mit seiner Faust dich unfähiger machen, zu widerstehen, und ein halbes Dutzend Treffer würde dich wahrscheinlich ganz umhauen.

Nun, Werbung ist, letzten Endes, wie der Allgemeinheit auf die Augen zu hauen. Wenn du zu große Zeitabstände zulässt, die zwischen den Annoncen stehen, wird die Wirkung der ersten Werbung verflogen sein, zum Zeitpunkt, wenn du wieder zuschlägst.

Du könntest deine ständig unterbrochene Werbung über mehrere Jahre fortsetzen, aber du hättest nicht den gleichen Nutzen, den du bei einer größeren Konzentration hast. In anderen Worten: Wenn du jeden Tag in den Printmedien erscheinst, bist du in der Lage, den Nutzen des Eindrucks zu bekommen, der am Vortag gemacht wurde, denn jede einzelne Annonce hat ihren Auftritt, das Ergebnis deiner Werbung auf die Gedanken ist ausgeprägter – du darfst nicht kurz vor der Wirkung des Niederschlags aufhören. Beharrlichkeit ist hier das Fundament des Erfolgs. Regelmäßigkeit bei den Inseraten ist genauso wichtig, wie eine geschickte Wortwahl. Der Mann, der dranbleibt, ist der Mann, der sich durchsetzt.

Cato der Ältere ist ein Beispiel für jeden Händler, der die Zeitung benutzt, und sollte eine Inspiration für jeden Ladenbesitzer sein, der dies nicht macht. Zwanzig Jahre lang stand er täglich im römischen Senat auf und rief nach der Zerstörung Karthagos. Am Anfang fand er wenig Gehör bei den anderen Teilnehmern, aber er machte jeden Tag weiter, Monat für Monat, Jahr für Jahr, und brachte alle die notwendigen Gründe für die Zerstörung von Karthago in den Verstand aller, bis er den Senat dazu gebracht hatte, über die Sache nachzudenken, und am Ende schickte Rom eine Armee über das Mittelmeer und beendete die Herrschaft der Anhänger Hannibals und Hamlikars über Nordafrika. Die fortwährenden Äußerungen eines Mannes hatten dies bewirkt.

Die Geschichte von jedem erfolgreichen Händler verläuft parallel. Der Werbende, der keinen Tag durchlässt, ohne gesprochen zu haben, wird gehört werden und seinen Einfluss fühlen. Jede Annonce bringt bessere Ergebnisse, denn sie hat den Vorteil dessen, was schon vorher gesagt wurde, bis die Aufmerksamkeit der Öffentlichkeit wie ein Auge ist, dass so oft hintereinander geschlagen wurde, dass die geringste, einflößende Berührung wie ein Schlag wirkt.

Wie man eine Werbeanzeige schreibt

Ein kompetenter Leger von Mosaiken arbeitet mit kleinen Steinstücken – sie passen in mehr Plätze als die größeren Brocken.

Ein kompetenter Werbender arbeitet mit kleinen Worten – sie passen in mehr Gehirne als große Phrasen.

Je einfacher die Sprache, umso größer ist die Gewissheit, dass sie von dem ungebildetsten Leser verstanden wird.

Der Bauingenieur plant das Straßenbett dort, wo es am wenigsten hart ist – er arbeitet nach den Prinzipien des geringsten Widerstands.

Die Werbung, die sich in einen gebirgigen Stil begibt, ist schlecht abgesteckt worden – nicht jeder Verstand ist für hartes Denken geeignet.

Werbung muss einfach sein. Wenn es mit den Juwelen und der Seide literarischer Ausdrücke überladen ist, sieht sie deplatziert aus, wie ein Ballkleid am Frühstückstisch!

Das kaufende Publikum ist nur an Fakten interessiert. Leute lesen Annoncen, um herauszufinden, was du verkaufst.

Der Werbende, der die meisten Fakten in kürzester Zeit herausbringen kann, bekommt die meisten Einnahmen. Platzpatronen machen Krach, aber sie treffen nicht – leeres Gerede, wie gewitzt es auch sein mag, ist nur verlorener Platz.

Du zwingst deine Verkäufer im Laden, bei soliden Fakten zu bleiben – du erlaubst ihnen nicht, Musselin [feinfädriger, glatter Stoff] zu verkaufen, mit Zitaten von Omar [Umar ibn al-Chattāb, 592 – 644 n. Chr.] oder Hosen mit Texten von Marie Corelli [britische Okkultistin und Schriftstellerin 1855 - 1924].

Du darfst nichts in deinem gedruckten Verkaufsgespräch tolerieren, was du bei der persönlichen Verkaufstechnik nicht gutheißen würdest. Nimm alle schlauen Phrasen heraus, wenn dadurch der klare Ausdruck geopfert wird – schreibe die Annonce so, wie du sprichst, fasse dich nur kürzer. Werbung ist kostspieliger als Unterhaltung, mit Preisen, die von $10 pro Zeile abwärts gehen. Sprechen ist nicht billig, sondern die teuerste Ware der Welt.

Entwerfe deine Annonce mit dem Diktiergerät. Dann wirst du so beschäftigt sein 'es zu *sagen*', dass du keine Zeit hast, über den Schnickschnack beim Schreiben nachzudenken. Danach nimmst du das auf der Schreibmaschine geschriebene Manuskript und nimmst jedes Wort und jede Zeile heraus, die gestrichen werden können, ohne ein wichtiges Detail auszulassen. Was dann am Ende übrig bleibt, ist das, was am Anfang gezählt hat.

Kultiviere Kürze und Einfachheit. ' Savon Français' mag intelligenter aussehen, aber mehr Leute werden 'französische Seife' verstehen. Die Erklärung der Gravitation durch Sir Isaac Newton umfasst sechs Seiten, aber das knappe und hausbackene 'Was hoch geht, muss runter kommen' des Schuljungen, umfasst das Ganze in sechs Wörtern.

Unklare Sprache verschwendet Platz. Sie ist nicht zu 100 % produktiv. Die Annonce, die Preise auslässt, verschwendet die Hälfte ihrer Anziehungskraft – sie hat eine Tendenz, Leute herbeizuschaffen, die nur schauen wollen, und keine Käufer. Sie schafft falsche Eindrücke. Einige Leute werden sich vorstellen, dass die Waren teurer als in Wirklichkeit sind – andere, aus dem gleichen Grund, leiten daraus ab, dass die Preise niedriger sind und gehen weg, mit dem Gedanken, dass du bei deinen Angaben übertrieben hast.

Der Leser muss durch die Annonce ausgesucht werden. Großer Anzeigenplatz ist der billigste, denn er verschwendet kein einziges Auge. Werbung muss offensiv sein. Es gibt viel zu viele Werbende, die ihr Licht unter den Scheffel stellen – der durchschnittliche Zeitgenosse hat keine Zeit, den Scheffel umzudrehen.

Kleiner Anzeigenplatz ist teuer. Wie ein Schneesturm mit einer Flocke, es gibt nicht genug davon, um liegenzubleiben.

Der Platz ist letztendlich eine vergleichende Angelegenheit. Es ist keine Sache von, *wie viel* genutzt worden ist, sondern *wie*. Die Passagiere eines Regionalzuges mögen erkennen, dass Herr Jones ein dreißig Zentimeter hohes Schild an jeden einzelnen seiner Zaunpfosten genagelt hat, auf einer Strecke von fünf Meilen, aber sie bewegen sich zu schnell, um zu sehen, was auf den Schildern steht. Aber die sechzig Zentimeter großen Buchstaben auf dem Anschlagbrett von Herrn Brown auf der Spitze des Hügels springen sie an, bevor sie noch eine Chance haben, sich zu ducken. Und die Kosten dafür sind noch nicht einmal in der Nähe von der Gesamtsumme für die unscheinbaren Schilder von Herrn Jones.

So ist es auch mit der Werbung, die, ansprechend gestaltet, ein Jahr lang, jeden Tag oder jeden zweiten Tag in einer großen Zeitung zu sehen ist. Sie wird allen Lesern ins Auge springen, unabhängig davon, wie schnell sie durch die Seiten mit der Werbung gehen, und werden mehr Resultate bringen, als ein Dutzend schüchterner Annoncen, verstreut auf ein halbes Dutzend Tageszeitungen.

Der Unterschied zwischen unterhalten und überzeugen

Ein Werbender muss erkennen, dass es einen riesigen Unterschied gibt zwischen dem Unterhalten und dem Überzeugen der Leute. Es zahlt sich nicht aus, 'raffiniert' daherzukommen, bei den Preisen pro Zeile einer durchschnittlichen, führenden Tageszeitung. Ich nehme an, dass ich Aufmerksamkeit erregen könnte, indem ich die Hälfte meines Gesichts rot anmale und in einen bunten Anzug hineinschlüpfe. Ich könnte einen ernsthaften Grund haben, die Aufmerksamkeit der Leute auf mich zu lenken, aber ich würde mich Illusionen hingeben, wenn ich den Grund für ihre Aufmerksamkeit missdeuten würde.

Der neue Werbende ist besonders anfällig für Falscheinschätzungen zwischen einer unterhaltenden und überzeugenden Annonce. Ein humorvolles Bild möge die Augen von jedem Leser auf sich ziehen, aber es würde weniger Erfolg haben, als ein Abbild einer Ware, das die Augen von allen Käufern auf sich zieht.

Händler bekommen verschiedene Resultate von dem gleichen Anzeigenplatz. Der Herausgeber gibt jedem von ihnen die gleiche Qualität von Lesern, aber der Werbende, der die Leute an Oberflächlichkeit denken lässt, wird nicht den gleichen Erfolg haben, wie der, welcher zu dem Händler kommt, der an dieser Stelle entscheidende Argumente präsentiert.

Denke immer daran, dass die Werbespalten der Zeitungen nichts anders sind, als Farmland. Und es ist absurd, den Herausgeber für das Ergebnis einer wenig intelligenten Annonce verantwortlich zu machen, genauso unsinnig, wie die Erde für schlechten Samen und mangelhafte Bearbeitung zu tadeln.

Jeder Werbende bekommt vom selben Herausgeber genau die gleiche Anzahl von Lesern – und genau die gleichen. Danach liegt es an ihm selbst. Die Resultate unterscheiden sich gemäß der Intelligenz und der Anziehungskraft der Annonce, die veröffentlich wird.

Einige Dinge, die man vermeiden sollte, wenn man Werbung macht

Der Preis eines Gewehrs trifft niemals ins Zentrum
Der Knall lässt selten die Glocken rasseln
Es ist die Hand am Abzug, die das richtige Ziel trifft
Das Zielen zählt – das ist es, was beste Ergebnisse bringt
Triffst du, oder verschwendest du nur Patronen?

Vergiss nicht, dass der Mann, der deine Annonce schreibt, der Mann ist, der mit deinen Grundsätzen zielt. Wenn du innehältst und daran denkst, dass Anzeigenplatz Geld kostet und falsche Worte nur Krach sind – ein Knall ohne Wirkung – wirst du die Notwendigkeit und Vernünftigkeit erkennen, den richtigen Mann hinter das Gewehr zu setzen.

Toleriere keine Ambitionen seitens deines Annoncenschreibers, die auf dem schlummernden Verlangen basieren, eine literarische Lichtgestalt zu werden.

Die Leute lesen die Werbung, um zu entdecken, was deine Käufer gerade am Markt gekauft haben und was du dafür verlangst. Sie kaufen die Zeitung wegen des informativen Inhalts und zur Entspannung und sind zufrieden mit dem Ausmaß an Poesie und Persiflage, die man ihnen in den allgemeinen Lesespalten serviert.

Übertreibe nicht. Poetische Freiheiten gelten nicht bei der geschäftlichen Prosa. Das amerikanische Volk will sich nicht betrügen lassen, und der Händler, der dabei mit zu vielen Dummköpfen rechnet, findet sein eigenes Spiegelbild des Narrens, gewöhnlich eine halbe Stunde nachdem der Sheriff gekommen ist, um sich die Geschäftsräume anzusehen.

Imitiere nicht. Werbung ist ein Maßanzug. Geschäfte werden nicht in Größen von der Stange angeboten. Wenn du das kopierst, was für jedermanns Verkaufsstrategie passt, dann passt es nicht für deinen Laden, ohne an der Brust herunterzuhängen oder an den Kragen hochzurutschen. Verdoppelte Argumente und verdoppelte Gewinne sind keine Zwillinge. Deine Grundsätze für die Werbung müssen deinen Grundsätzen der Verkaufsförderung speziell angepasst werden.

Gibt deine Werbung nicht in die Verantwortlichkeit eines Amateurs. Lass jemand anders die Kosten für seine fehlende Ausbildung übernehmen. Bedenke, dass du ein Plädoyer vor dem Gericht des öffentlichen Vertrauens hältst. Dein Autor ist ein Anwalt. Wie ein schlechter Anwalt kann er einen Fall verlieren, weil er nicht das Beste aus den vorliegenden Fakten herausgeholt hat.

Komme nicht in die üblichen Verkäufergewohnheiten. Verkäufe sind Aufputschmittel. Wenn man sich ihrer zu oft bedient, lässt der Effekt nach. Der Händler, der zu oft Schnäppchen ruft, ist wie die alte Henne, die immer 'Fuchs' ruft. Wenn er wirklich einmal kommt, glaubt es keines ihrer Küken.

Verwende kein Kleingedrucktes. Mach es dem Leser leicht etwas über dein Geschäft zu erfahren. Es gibt zehn Millionen Brillen in Amerika [1912], und jeder ihrer Besitzer kauft irgendetwas.

Und fange gar nicht erst an, wenn du nicht dauerhaft dabeibleiben willst. Der Schutzheilige der erfolgreichen Werber hasst Leute, die aufgeben.

Der Arzt, dessen Patienten bleiben

In China ist nicht alles wie Kraut- und Rüben. Ärzte werden dafür bezahlt, die Leute gesund zu halten, und wenn ihre Patienten krank werden, werden ihre wöchentlichen

Geldsendungen unterbrochen. Die Chinesen beurteilen einen Mann der Medizin nicht danach, wie lange er lebt, sondern an der Länge der Zeit, die seine Patienten überleben.

Ein Werbemedium muss in der gleichen Weise beurteilt werden. Die Tatsache, dass man ein langjähriges Vertrauen genießt, ist nicht so wichtig wie die Langjährigkeit der Stammkundschaft. Wenn immer eine Tageszeitung die Werbung des gleichen Unternehmens Jahr für Jahr abdruckt, ist es ein ziemlich sicheres Zeichen, dass es durch diese Zeitung Geld verdient hat, denn keine Publikation kann damit fortfahren, über eine gewisse Zeit ein verlustreiches Investment für ihre Kunden zu sein, ohne dass man diese Tatsache feststellt.

Und wenn eine Zeitung nicht nur in der Lage ist, damit angeben zu können, eine Ehrengalerie von Läden zu haben, die auf ihren Seiten für mehrere Dekaden erschienen sind, und zur gleichen Zeit auch demonstrieren kann, dass sie mehr Unternehmen hat, als ihre Konkurrenten, hat sie ihre Überlegenheit unter Beweis gestellt, so klar, wie ein Bergkamm, der über seine anderen Kameraden ragt.

Die Kombination von Zuverlässigkeit und Fortschritt ist der größte Wert, den eine Zeitung besitzen kann. Nur die Gesündesten überleben – eine gute Reputation ist schwer zu erreichen, und noch härter ist es, sie zu behalten – es bedarf Leistung, sie sich zu verdienen und Charakter, sie zu behalten. Es gibt einen riesigen Unterschied zwischen

Berühmtheit und Allbekanntheit, und genauso viel Unterschied zwischen einer berühmten Zeitung und einer allbekannten.

Genauso, wie ein Hersteller immer darauf erpicht ist, seine erlesenste Ware in einen Laden zu bringen, die sich den Respekt der Allgemeinheit erworben hat, genauso sollte ein Einzelhändler bestrebt sein, seinen Namen in einer Zeitung zu inserieren, die sich den Respekt ihrer Leser verdient hat. Der Hersteller fühlt, dass er ein faires Geschäft mit einem Laden machen kann, dessen Ehre ein gewisses Alter hat. Genau das gleiche kann dieser Laden dann von einer Zeitung erwarten, die ihrem Alter alle Ehre macht.

Die Zeitung, die den Rest der Konkurrenz überlebt, tut dies, weil sie sich ihren Lesern am besten angepasst und deren Vertrauen verdient – und bewahrt hat. Sie musste deshalb eine bessere Zeitung sein als die anderen und bessere Zeitungen kommen in die Häuser von besseren Käufern. Jedes Teil ihrer Verbreitung beinhaltet die Elemente von Qualität und Dauerhaftigkeit. Und es ist das seriöse und ein liebevolles Zuhause schätzende Merkmal einer Nachbarschaft – und nicht das von Schwarzhändlern und Spielern – wohin der Händler sich wenden muss, für das Rückgrat seines Geschäfts – und er kann keine Käufer finden, wenn er nicht die Zeitung benutzt, um in ihre Häuser zu gelangen. Und wenn er ihre Häuser betritt, soll er das Blatt, das durch den Hintereingang kommt, nicht mit der Zeitung verwechseln, die an die Haustür gebracht wird.

Das Pferd das die Last zog

Einst kam ein Wagen rollend die Straße herunter, mit einem temperamentvollen Percheron* in der Mitte [*ein als schwere Arbeitspferde gezüchtete Kaltblutrasse aus dem Perche-Gebiet in Frankreich] und zwei erbärmlichen Gäulen an beiden Seiten neben ihm.

Das Percheron machte alle Arbeit, und es schien so, dass es alleine im Geschirr besser zurechtkommen würde, als ihm das mit seinen unterlegenen Kameraden möglich war, die seine Geschwindigkeit verlangsamten.

Der Werbende, der eine Gruppe von Zeitungen auswählt, spannt gewöhnlich zwei lahme Angebote zu jeder ziehenden Zeitung auf seiner Liste ein. Genauso wie der Wagenlenker wahrscheinlich eine gleiche Menge Futter an jedes der Tiere gegeben hatte, genauso zahlt der Händler den gleichen Preis an eine schwache Tageszeitung, den er auch dem kräftigen und profitablen Blatt gibt.

Leider trägt die übliche Gewohnheit, die gleiche Annonce bei allen Zeitungen zu schalten, zum eindeutigen Nachteil des verdienstvollsten Mediums bei. Der Werbende rechnet die Gesamtsumme seiner Werbeausgaben gegen die Gesamtsumme der sich dadurch ergebenden Gewinne auf, und dabei tut er sich und dem besten Zugpferd unrecht, indem er den weniger produktiven Blättern Geld bezahlt, das sie nicht verdient haben.

Es ist die Zugkraft der Zeitung wie auch des Pferdes, die den Wert verschaffen, und wenn die Werbekunden so vernünftig wären, wie sie es sein sollten, würden sie sich die Mühe machen, jede Tageszeitung, in der sie inserieren, für mindestens einen Monat lang zu testen, indem sie eine unterschiedliche Abteilung oder Ware annoncieren und dann sorgfältig die Erfolge analysieren. Wenn man das macht, würden fünfzig Prozent der Werbekosten reduziert, die in schwächeren Zeitungen erscheinen, und die Ausgaben in den stärkeren Blättern würden in diesem Verhältnis steigen.

Es gibt Zeitungen in vielen Städten, die – eigenständig – in der Lage sind, ihr Geschäft zu entwickeln. Ihre Verbreitung bedeutet solide Muskeln und Sehnen – alles auf Zugkraft ausgerichtet. Es geht nicht um die Zahl der gedruckten Exemplare, sondern um die Anzahl der Exemplare, die in die Hände von Käufern gelangen – es ist nicht die Anzahl der Leser, sondern die Anzahl der Leser, die Geld zum Ausgeben haben – es ist nicht die Masse der verbreiteten Exemplare, sondern der Umfang der Verbreitung, die dem Werbenden etwas bringt – es ist nicht Fett, sondern Sülze – dieser langfristige Aspekt.

Es gibt bestimmte Merkmale, die diese Stärken und Schwächen anzeigen. Sie sind so deutlich für das beobachtende Auge, wie die wichtigen Zeichen der Wälder für den Trapper. Die Nachrichtenspalten sagen dir, was du in den Spalten für die Werbung erwarten kannst. Eine Zeitung findet immer die Schicht von Lesern, für die sie herausgegeben wurde. Wenn das geistige Niveau niedrig ist und der moralische Anspruch nachlässig, dann, verlass dich drauf – werden die Leser diesem Medium entsprechen.

Kein Gewehr kann ein Ziel treffen, das außerhalb seiner Reichweite ist. Keine Zeitung kann ihre Grundsätze in eine Richtung ausrichten und in der anderen Treffer landen. Kein Werbender kann eine andere Klasse von Männern und Frauen finden, als die, welche der Herausgeber selbst gefunden hat. Er wird danach beurteilt, welche Leser er behält. Wenn er sich mit Hunden schlafen legt, wird er mit Flöhen aufstehen.

Das Kellerloch und der Gully

Ein Kohlenauto hielt vor einem Bürogebäude in Washington an und der Fahrer stieg aus, entfernte den Deckel von dem Gully, fuhr seine Rutsche aus und begann mit der Entladung.

Ein alter Afroamerikaner [...(zensiert)] schlenderte herüber und sah ihm zu. Plötzlich starrte der dunkelhäutige [...] Mann nach unten und brach sofort in ein unkontrolliertes Lachen aus, das für einige Minuten anhielt. Der Fahrer schaute ihn belustigt an. 'Sag, Mann' [...], fragte er, 'lachst du immer, wenn du Kohle siehst, die in den Keller geht?'

Der Afroamerikaner [...] stotterte für einige Momente herum und hielt sich den Bauch, bis er in der Lage war zu sagen: 'Nein Sir, aber es platzt nur aus mir heraus, wenn ich sehe, wie sie in den Gully geschüttet wird.'

Der Werbende, der einen Mangel an Urteilsvermögen bei der Auswahl der Zeitung an den Tag legt, die seine Annonce veröffentlicht, verwechselt oft den Gully mit dem Kellerloch.

Alles Geld, das man den Zeitungen bezahlt, kann man nicht wieder herausnehmen – egal wie. Die Tatsache, dass alle Tageszeitungen ein ähnliches Erscheinungsbild haben, impliziert nicht notwendigerweise eine Ähnlichkeit im Charakter, und es ist der Charakter der Zeitung, der Gewinne bringt.

Der Herausgeber, der ein 'journalistisches Abwasserloch' betreibt, findet eine andere Klasse von Lesern, als der Herausgeber, der sich selbst genügend respektiert, um seine Leser zu respektieren.

Was in eine Zeitung geht, bestimmt zum größten Teil den Rang der Häuser, in welche die Zeitung geht. Ein unverantwortliches, Skandale produzierendes, im Dreck wühlendes Blatt, wird mit Sicherheit nicht von der kaufenden Schicht der Leute unterstützt. Es könnte von Tausenden von Lesern gelesen werden, aber solcherlei Leser sind selten Käufer von beworbenen Produkten.

Es sind die sauberen, zuverlässigen, normalveranlagten Bürger, vom Knochen und der Sehne und den Muskeln der

Gemeinschaft. Es ist die geistig gesunde, anständige und vertrauenswürdige Zeitung, die in ihr Haus kommt, und es ist der Verkauf in diese Häuser, der die Stärke eines Werbemediums zeigt.

Kein Familienvater, mit einer sauberen Denkweise, wünscht sich, dass seine Frau und Kinder mit den höchst gefühlsduselnden und banalen Zuständen des Lebens in Kontakt kommen. Er verteidigt sie vor dem sensationslüsternen Herausgeber und den unangenehmen Inserenten. Er abonniert eine Zeitung, bei der er nicht Angst haben muss, das Haus zu verlassen.

Deshalb kann man sich immer darauf verlassen, dass angesehene Zeitungen mehr Verkäufe bringen, als eine, die vielleicht eine höhere Verbreitung hat, aber deren Verteilung in zehnfacher Zahl unter ertragsschwachen Bürgern ist.

Man kann nicht erwarten, Waren an Leute zu verkaufen, die kein Geld haben, genauso wenig wie man hoffen kann, Austern aus Rosenbüschen zu ernten.

Es ist nicht die Zahl der Leser, die man erreicht, aber die Anzahl der Leser, deren Brieftaschen man erreicht, das stellt den Wert der Verbreitung dar. Es ist eine Sache, ihre Aufmerksamkeit zu erregen, aber es ist eine weitaus andere Angelegenheit, ihr Geld zu bekommen. Der Geist mag stark sein, aber die Brieftasche ist schwach.

Wenn du die Wahl hast, zwischen tausend Morgen Wüstenland und hundert Morgen in einer Oase, wirst du den fruchtbaren Ort aussuchen, indem du verstehst, dass das größere Gebiet weniger wert ist, weil es weniger produktiv sein wird.

Der Werbende, der wirklich versteht, wie er sein Geld ausgibt, sorgt dafür, dass er sein Geld nicht in die Wüste oder den Gully schüttet.

Die Umgebung deiner Werbung

Die Verbreitung ist eine Ware, die man mit dem gleichen gesunden Menschverstand kaufen muss, wie bei der Auswahl von Kartoffeln, Kleidern oder Grundstücken. Man kann sie messen und wiegen – sie ist ein Gut mit einem nachprüfbaren Wert. Sie variiert genauso stark wie das Grünzeug vom Lebensmittelhändler, den Stoffen des Schneiders oder die Parzellen des Grundstücksmaklers.

Die Köchin weigert sich, grüne oder verfaulte Tomaten anzunehmen, die den Preis von perfekten haben. Sie kalkuliert nicht die Anzahl der Gemüsepflanzen, die man ihr geliefert hat, sondern nur die, die sie nutzen kann.

Wenn deine Frau ein Stück Stoff auswählt, stellt sie als erstes sicher, dass es für den vorgesehenen Zweck geeignet ist. Wenn du ein Stück Land kaufst, schaust du dir die Nachbarschaft an, genauso wie den Boden. Genauso ist es mit der Werbung, du musst herausfinden, wie viel von der Verbreitung du nutzen kannst. Du musst die Nachbarschaft beurteilen, wo deine Annonce gelesen wird, mit der gleichen Aufmerksamkeit, die du der Auswahl des Ortes gewidmet hast, wo deine Waren verkauft werden sollen.

Ein Händler mit Juwelen wäre verrückt, seinen Laden in einem Stadtteil mit Mietshäusern zu eröffnen, und genauso verrückt, seine Juwelen in einer Zeitung anzubieten, die größtenteils in solch einer Gegend verteilt wird. Von zehntausend Männern und Frauen, die sehen, was er zu sagen hat, gibt es keine zehn, die es sich erlauben können, seine Waren zu kaufen. Diese zehntausend Leser wären Masse ohne Muskeln. Er könnte sie überzeugen, Geschäfte mit ihm zu machen, aber ihre Einkünfte würden es ihnen nicht erlauben, Kunden zu werden.

Einer der größten Fehler in der Werbung ist es, deine Angel dort auszuwerfen, wo der Fisch deinen Köder nicht erreichen kann.

Verbreitung ist, wie du siehst, ein sehr interessantes Thema, aber sehr wenige Leute wissen etwas davon. Es würde dich überraschen, zu hören, dass sich diese Unwissenheit oft in die Büros der Zeitungen hineinzieht. Ich habe Herausgeber kennengelernt, die fortwährend die Schicht ihrer Leser missverstanden haben, und habe Hunderte von ihnen getroffen, die höchst abenteuerliche Vorstellungen von den Zahlen ihrer Verbreitung hatten.

Obwohl ich nicht so streng sein will, sie mit mehr zu beschuldigen, als sich geirrt zu haben, macht es nichtsdestoweniger ihre Neigung andere mit dieser Fehlinformation zu infizieren, sehr empfehlenswert für dich, ein Mitglied der Missouri Society* zu werden – und dich zu zeigen [* wahrscheinlich die 1909 gegründete Missouri Society of Certified Public Accountants gemeint, die Tausende von registrierten und zugelassenen Buchhaltern und Buchprüfern repräsentiert, die im privaten, industriellen, staatlichen und schulischen Bereichen tätig sind].

Verlasse dich nicht ausschließlich auf Aussagen bezüglich der Verbreitung. Du verstehst die Tricks nicht, wie sie gemacht werden. Bringe die Zeitung, die deine Annoncen verbreitet, dazu, dir eine Liste der Werbekunden zu zeigen. Die Zeitung, welche die meiste Werbung druckt, Monat für Monat, Jahr für Jahr, ist immer das beste Medium. Das gilt auch für New York, Chicago, Philadelphia, Kenosha [Wisconsin] und Walla Walla [Kleinstadt im Bundesstaat Washington].

Der Fehler des großen Steaks

Sei auf der Hut vor Abfall in der Verschwendung in der Verbreitung. Finde heraus, wo man deine Annonce liest. Bezahle nichts dafür, den Samen der Werbung auf einem Platz auszubringen, wo du die Erträge nicht erwirtschaften kannst.

Dem Hersteller von Seife, der seine Ware von Oskaloosa [Kleinstadt in Iowa] bis Timbuktu [Oasenstadt am Rande der Sahara] anbietet, ist es egal, wie weit verstreut die Verbreitung einer Zeitung ist. Wer auch immer etwas über sein Produkt liest, ist in der Nähe des einen oder anderen Ladens, wo man sie verkauft, aber du hast nur den einen Laden.

Nun, die Verbreitung in der Zeitungswerbung ist dem Bestellen eines Steaks sehr ähnlich. Wenn der Kellner dir ein 'Porterhouse'* bringt [*wie das T-Bone Steak aus dem Roastbeef geschnitten, aber dicker und mit größerem Filet-Anteil], dass doppelt so groß ist, wie deine Verdauung es handhaben kann, hast du das Doppelte von dem bezahlt, was das Steak für dich wert ist, obwohl dieser Preis für den Restaurantbesitzer gerechtfertigt ist.

Du erreichst deine Gewinne nicht durch die Verbreitung, die deine Werbung hat, sondern durch die Verbreitung unter Leuten, die kaufen.

Wenn dir zwei Zeitungen ihre Werbespalten anbieten, und eine davon hat eine Verbreitung in fast der ganzen Stadt und in umliegenden Ortschaften, die für ihre Einkäufe von deiner Stadt abhängen, kann dein Laden ihren gesamten Einfluss verarbeiten. Wenn eine andere eine genauso große Verbreitung hat, aber nur ein Drittel davon ist im regionalen Bereich, kann die reine Masse ihren Wert für dich nicht schaffen – es ist ein weiterer Fall des großen Steaks – du zahlst für mehr, als du zur Verarbeitung bekommst. Der Teil ihres Einflusses, der sich auf Regionen konzentriert, wo Männer und Frauen deine Waren nicht bekommen können, nachdem du ihre Aufmerksamkeit auf dich gezogen hast, ist reine Verschwendung.

Bei der Division der gedruckten Auflage durch die Preise pro Zeile, kann dir ein Herausgeber in irreführender Weise demonstrieren, dass sein Werbeplatz genauso günstig angeboten wird, wie bei seinen stärkeren Konkurrenten. Ist aber die Hälfte seiner Verbreitung zu weit weg, um Käufer zu bringen, sind seine tatsächlichen Preise doppelt so hoch, wie es zunächst scheint. Er ist wie der Metzger, der alle Knochen und Sehnen und das Fett mitwiegt, und für diese genauso viel berechnet, wie für das Fleisch.

Das Omelette Soufflé

Es gibt einen großen Unterschied zwischen einer Verbreitung, in dem Bemühen die Verbreitungszahlen zu steigern, und einer Verbreitung, mit der Absicht, die Zahlen des Ansprechens auf Werbung zu erhöhen.

Es gibt einen Unterschied zwischen einem Blatt, das der gleiche Leser mehrfach am gleichen Tag in den Händen hält und einem Blatt, wo dies nicht der Fall ist.

Es gibt einen Unterschied zwischen einem Blatt in einem Gebiet, in dem man von jedem Leser erwarten kann, in deinen Laden zu kommen, wenn du sein Interesse wecken kannst, und einem, das sich über ein halbes Dutzend Staaten ausdehnt und seinen größten Wert in einer Region hat, dass so weit weg von deinem Laden ist, dass du keinen Käufer aus zehntausend Lesern findest.

Du musst die Dinge erfassen und abwägen, wenn du die Verbreitungszahlen erfasst und abwägst. Es ist nicht die Anzahl der gedruckten, sondern die Zahl der verkauften Zeitungen – nicht die Anzahl der verteilten Zeitungen, sondern die Zahl der verteilten Zeitungen in reagierenden Regionen – nicht die Zahl der erreichten Leser, sondern die Zahl der Leser, die das Geld haben, das zu kaufen, was du anbietest – das bestimmt für dich den Wert der Verbreitung.

Du kannst ein einziges Ei nehmen und es in ein Omelette Soufflé* schlagen [*Auflaufomelett, Schaumomelett] das aussieht, als wäre der ganze Teller voll, aber der Hauptteil ist nur heiße Luft und Zucker – die Verwandlung der Form hat den Substanzanteil von Ei nicht erhöht, und es ist die Substanz der Verbreitung, die zählt, wie bei dem Nährwert in dem Ei.

---

* → Herbert Kaufman (1878 - 1947) war ein amerikanischer Schriftsteller und Zeitungsmann, dessen Leitartikel, sowohl in den USA als auch in Kanada, weit verbreitet waren.

Während des 1. Weltkriegs brachten führende britische Zeitungen wie die 'Evening Standard', 'The Times' und andere renommierte Zeitschriften regelmäßig seine Beiträge und Leitartikel, zusammen mit fünfzig Kriegsgedichten, eingeschlossen der Klassiker 'The Hell-Gate of Soisson'.

Er ist Autor zahlreicher Bücher und Aufsätze. Seine kurzen und prägnanten Aussprüche werden oft und gerne zitiert, wie auch seine als 'Kaufmanismus' bezeichneten Wortspiele.

Folgende Beispiele wurden in der englischen Sprache belassen:

- *A coward can't conquer anything, because he can't conquer himself.*
- *The man who won't go through to the finish has finished at the start.*
- *They who fight in the dark do not shine in the light.*
- *Mind your own business and in time you'll have a business of your own to mind.*
-

← * Quelle Wikipedia